1 Groß- oder kleingeschrieben?

1 SCHULE | LEHRERIN | RECHNET | LERNT | GARTEN | SCHREIBT | TURNT | KREIDE | ZEICHNET | TAFEL | TRINKT | MAPPE

Schreib die Wörter in zwei Gruppen auf:

mit großem Anfangsbuchstaben	mit kleinem Anfangsbuchstaben
die Schule – eine Schule	rechnet – wir r

2 Schreib die folgenden Sätze in der Schulschrift:

DER LEHRER SCHREIBT AN DER TAFEL.

DAS MÄDCHEN MALT MIT DEM BUNTSTIFT.

DER BUB SPIELT MIT DEM BALL.

3 Schreib verwandte Wörter auf:

ich koche –	der Koch	die Zahl –	ich za
ich bürste –	die	der Maler –	ich
ich schneide –	der	der Bäcker –	ich
ich kämme –	der	die Zeichnung –	ich
ich wasche –	die	die Rechnung –	ich
ich säge –	die	der Bohrer –	ich

2 Wörter nach dem ABC ordnen

1 Ordne die folgenden Wörter nach dem ABC! Suche einige davon im Wörterbuch!

Acker Fabrik Bett Glocke Hotel	grüßen malen turnen holen stürzen	ohne spät wegen hatte durch	brav rau laut dick giftig

2 **Axt – Acker – Amt → c – m – x**

Ordne folgende Wörter nach dem zweiten Buchstaben des Wortes!

Butter Boot Bett	Honig Hals Heft	Spaß Salat Stein	Ziel Zunge Zahl

3 Ordne folgende Wörter nach dem ABC! Wenn du die Wörter richtig ordnest, erhältst du sinnvolle Sätze!

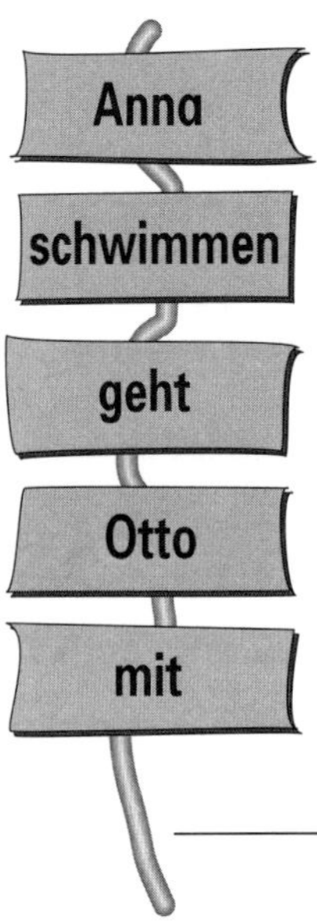

Anna

die rote malen Türme Kinder

Männer die schmutzige putzen Zimmer

schieben die schwere Maurer Wagen

die stehlen Uhren Diebe teure

Hexen hüpfen Wurzeln über die

3 Namenwörter haben Artikel und große Anfangsbuchstaben

1

T.sch Bäck.. Hu.d Ap.el .essel Schn..der
.atze Ba.m T.pf .ehrer Pf.rd Sp.nat
Me..er V.ter Vo.el N.ss

Setze die fehlenden Buchstaben ein!
Dann schreib die Namenwörter mit dem Artikel in vier Gruppen auf:

Menschen	Tiere	Dinge	Pflanzen
der			

2 Viele Namenwörter kannst du in der Einzahl und in der Mehrzahl verwenden:

Kind Semmel Stängel Rose Fisch	Mutter Frosch Ofen Baum Ball
das Kind – die	die M

3 Große oder kleine Anfangsbuchstaben? Schreib diese Sätze in der Schulschrift!

DER BUB SCHREIBT MIT DER FÜLLFEDER IM HEFT.

DIE KATZE FÄNGT IM KELLER EINE MAUS.

AUF DER WIESE WACHSEN VIELE BUNTE BLUMEN.

DIE MUTTER SCHNEIDET AUF EINEM BRETT EINIGE ZWIEBELN.

DIE BÄCKERIN BÄCKT IM BACKOFEN VIELE BROTE UND SEMMELN.

4 Aus a, o, u werden ä, ö, ü

1

In diesem Koffer findest du zwölf Namenwörter. Schreib die Namenwörter in der Ein- und Mehrzahl:

der Draht – die Drähte,

2 Aus o wird ö, aus u wird ü. Schreib unter die Einzahl die Mehrzahl!

der Topf	der Block	der Hof	der Strom
die Töpfe			
der Stock	das Schloss	das Wort	der Kopf
die			
die Wurst	das Buch	der Stuhl	das Tuch
die			
die Kuh	der Turm	die Nuss	der Fluss

3 Verwandte Wörter: a → ä, o → ö, u → ü

ein Gruß – ich	ein Stoß – du
ein schwerer Sturz – sie	ein Kampf – wir
frisches Futter – ich	es ist warm – die
sie kocht – die	ein guter Schutz – sich
er tanzt – ein guter	es war kalt – die
eine ehrliche Wahl – wir	eine große Zahl – ich

5 Wörter richtig trennen

1 die Decke – De = cke

Dackel, Brücke, Flocken, Zucker

die Mütze – Müt = ze

Pfütze, Katze, Hitze, Spitze

2 die Gasse – Gas = se

Messer, Bissen, Flosse, Rüssel

die Straße – Stra = ße

Füße, Späße, Stöße, Größe

3 die Schwester – Schwes = ter

Husten, Kiste, Piste, Polster

die Wohnung – Woh = nung

Achtung, Kleidung, Spülung, Rechnung

4 „Riesenwörter" trennen:

Rie=
sen=
wör=
ter

Kanaldeckel

Klassenzimmer

Schusterwerkstatt

Katzenfutter

Straßenreinigung

6 Am Tunwort Verschiedenes erkennen

1 Mit diesen Silben kannst du zwölf Tunwörter bilden. Notiere sie!

ko	wan	schüt	glau	glit	rüt	+	chen	teln	dern	ben	teln	zern
schie	ke	pfei	ho	flim	häm		geln	ben	beln	fen	mern	mern

en ern eln

Schau genau auf das Wortende der Tunwörter! Dann teile sie in drei Gruppen:

en am Wortende	ern am Wortende	eln am Wortende

2 Tunwörter verändern

ich …	du …	er oder sie …	wir …	ihr …
blase	bläst		blasen	blast
	trägst			
		bäckt		
			fangen	
falle				

Schreib alle Tunwörter vollständig auf und unterstreiche ihr Wortende!
Was erkennst du alles?

3 Wortschlangen zerlegen
In jeder Wortschlange stehen acht Tunwörter. Ordne sie nach ihren Wortenden!

schiebenkocheglaubstwettetschiebtkochstglaubewetten
kochenschiebewettestglaubtkochtschiebstwetteglauben

en wir	e ich	st du	t er

7 Wörtliche Rede und die richtigen Satzzeichen

B 34

1 Kinder <u>sagen</u>, wo sie am Wochenende, am Sonntag, gestern waren.

Toni/Garten	Erich/Kino	Karin/Bad	Inge/Hof	Susi/daheim

Toni sagt: „Ich war am Wochenende im

Erich sagt:

2 Inge <u>fragt</u> Kinder, womit sie oft, manchmal, gern spielen.

Ball	Puppe	Computer	Bausteine	Rennbahn

Inge fragt: „Spielst du oft mit deinem

Inge

3 Max <u>ruft</u> Kindern zu, womit sie schreiben sollen!

Filzstift	Kugelschreiber	Füllfeder	Bleistift	Ölkreide

Max ruft: „Petra, schreib mit deinem F

8 Ein Wiewort zwischen Artikel und Namenwort **B 38**

1

das fette Schwein

Setze passende Wiewörter zwischen Artikel und Namenwort! Schreib die Wortgruppen in dein Heft!

der	______	Elefant	F	der	______	. torch	R
der	______	. patz	F	der	______	. abe	S
der	______	. uchs	S	der	______	. tier	L
der	______	. isch		der	______	. öwe	S

große weiße kleine schwarze schlaue wilde glatte starke

2 Bilde zu jedem Satz eine Wortgruppe und schreib sie auf!

Die Birnen sind saftig. Die Suppe ist heiß. Der Zucker ist süß. Das Mädchen ist mutig. Der Clown ist lustig. Die Kinder sind müde. Der Turm ist hoch. Das Leder ist rau. Der Bach ist tief. Ein Hahn ist stolz. Eine Katze ist schlau. Ein Papagei ist bunt.

die saftigen Birnen, die ______________________________

____

____

____

____

____

3 Schreib Wortgruppen auf!

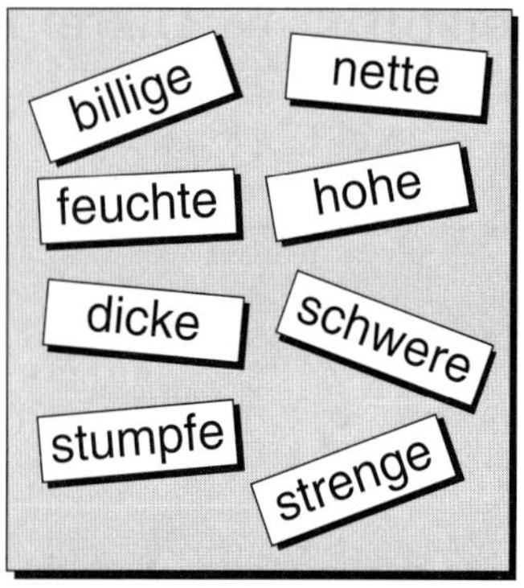

das b	H	der sch	K
der d	St	das n	K
der f	Sch	der st	W
das st	M	der h	B

Hemd Kind Berg Schwamm Korb Winter Stamm Messer

9 Wörter mit h

1 Versuche Namenwörter mit h zu bilden.
Schreib sie zweimal untereinander!

2 Schreib zur Einzahl die Mehrzahl! Ziehe das h färbig nach!

Lehrer – mehrere L	Kuh –
Fahne –	Jahr –
Zahn –	Reh –
Stuhl –	Bahn –
Kahn –	Reihe –

3 Schreib zu jedem Namenwort ein verwandtes Wort!

die Wahl – wir wählen

die Wahl – die Zahl – die Naht
die Fahrt – der Bohrer – die Wohnung

4 ohne mehr Übe diese Wörter in Wortgruppen!
Ziehe sie mit Buntstift nach!

ohne dich spielen, ohne dich

mehr üben, mehr

fahren, wandern, singen, schwimmen, …

sparen, lesen, arbeiten, schlafen, …

10 Aus au wird äu

B 48

1

der Baum – die Bäume

Schreib zu jedem Namenwort die Mehrzahl des Wortes!

der Zaun –	*die*	der Traum –	*die*
die Braut –	*die*	die Maus –	*die*
der Bauch –	*die*	der Brauch –	*die*
das Haus –	*die*	der Strauch –	*die*

2 Finde zu jedem Wort mit äu ein verwandtes Wort mit au!

Ich wende die au-Probe an!

Verkäufer – verkaufen / Kräuter – Kraut

Läufer	Räuber	Käuferin	Bräutigam
Säue	Fräulein	Häuptling	Bäuerin
Verkäuferin	Bräuche	Schäume	Häufchen

3 Häuser Bäume Sträucher Kräuter

Bilde zusammengesetzte Namenwörter und schreib sie auf!

Wohnh

wohnen
krank
rasten
Apfel Laub
Nadel
Himbeere
Flieder
Brombeere
Suppe
heilen

4 läuft träumt

Schreib über Kinder deiner Klasse!

schnell
langsam
geschwind
rasch

viel
oft
selten
nie

Peter läuft

Eva träumt

11 Wörter zu Namenwörtern zusammensetzen

B 52

1 Tafel – Tuch

Kleider Blumen Haus Fenster Regen Papier – Kasten Tor Topf Korb Brett Schirm

die Tafel, das Tuch – das Tafelt , die Tafeltü

2 wohnen – Zimmer

bügeln lesen schreiben malen waschen – Buch Heft Eisen Maschine Farbe

wohnen, das Zimmer – das Wohnz , die Wohnz

3 groß – Vater

kühl hoch bunt klein – Stift Haus Schrank Stadt

groß, der Vater – der Großv , die Großvä

12 Wörter mit eu

1 Trage eu ein! Ordne die Wörter aus der ersten Zeile nach dem ABC!

Zeugnis, h. .te, Fr. .de, h. .len, . .ch, f. .cht,
. .er, Kr. .z, L. .te, St. .er, t. .er, Fr. .nd

2 Kannst du diese Geheimschrift lesen? Schreib die Wörter darunter!

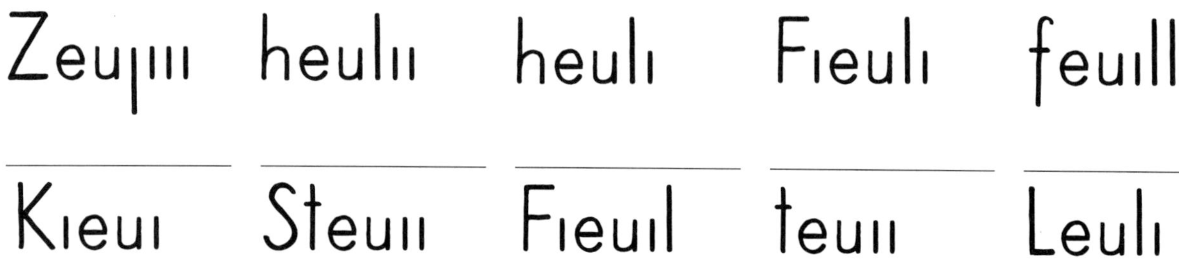

3 Bilde zusammengesetzte Namenwörter!

Feuer	Kreuz
Holz	Wehr
Steuer	Leute
See	Rad
Schul	Turm
Leucht	Leuchter
Kerzen	Freund

4 Ein Rätsel mit eu-Wörtern

Ich habe einen guten	F					d	.
Die Wölfe	h			l			.
Auf der Kirche ist ein		r			z	.	
Ich kenne viele	L			t		.	
Der Lenker sitzt am	S	t					.
Die Wäsche ist noch	f			c	h		.
Vor den Ferien gibt es das	Z			g				.

Trage die Lösungen ein!
Suche verwandte Wörter und schreib sie auf!

13 Verschiedene Zeitformen

1 Zwei Zeitwörter gehören immer zusammen.
Finde sie und schreib sie nebeneinander!

trinkt	liest	singt	reitet	fährt	schwimmt	liegt	spricht
las	sang	trank	schwamm	fuhr	ritt	sprach	lag

trinkt – tr ____________________

____

____

2 Zeitform Gegenwart: Setze Zeitwörter ein und schreib den Text ins Heft!

Erich ________ Milch. Inge ________ eine Melodie. Rudi ________ ein Gedicht. Karin ________ auf einem Esel. Mia ________ im Teich. Petra ________ mit dem Auto. Fritz ________ auf der Wiese. Elfi ________ mit Opa.

3 Zeitform Mitvergangenheit: Setze Zeitwörter ein und schreib den Text ins Heft!

Peter ________ Wasser. Susi ________ ein Lied. Sepp ________ ein Buch. Erika ________ auf dem Pferd. Otto ________ im See. Karin ________ mit dem Bus. Franz ________ im Bett. Ilse ________ mit Oma.

4 Bilde Zeitwörter in der Mitvergangenheit und schreib die Gegenwart dazu!

s t a l h | s p a g n r | b l e i s | r i f e | st ß i e | b a r c h

ich stahl | sp ______ | ______ | ______ | ______ | ______

ich stehle | ______ | ______ | ______ | ______ | ______

5 Hier fehlen Zeitformen. Schreib die fehlenden dazu!

Gegenwart	Mitvergangenheit	Vergangenheit
Ich fahre.	Ich	Ich bin
	Er flog.	
		Ich habe gesungen.
Sie ruft.		
	Er schrieb.	
		Ich bin gelegen.

14 Wörter mit ie

1 Bilde Namenwörter und schreib sie auf!

2 Wir zaubern – Aus ei wird ie

aus Reise wird ______ | aus Weise wird ______
aus Beine wird ______ | aus Steige wird ______
aus Leid wird ______ | aus Wein wird ______

3 Ein Silbenrätsel

Bilde acht Namenwörter und trage sie ein! Unterstreiche ie färbig!

Die	der	Flie	be	Lie	ge	Sie	Stie
Rie	Frie	ge	Wie	den	be	se	sen

1. Menschen, die stehlen: ______
2. Fliegendes Tier: ______
3. Du kannst sie singen: ______
4. Aufgang in einem Haus: ______
5. Gegenteil von Krieg: ______
6. Darauf wächst Gras: ______
7. Wichtige Küchengeräte: ______
8. Sehr große Menschen: ______

4 Zur Form der Gegenwart die Form der Mitvergangenheit schreiben

schlafen – schliefen

blasen, laufen, fallen, rufen, braten, schweigen, bleiben, halten, raten, treiben

15 Es gibt viele Wörter mit ck

1

Acker	we . . en	fli . . en	Glo . . e	Zu . . er
Stö . . e	schmü . . en	Schne . . e	stri . . en	Da . . el

Setze ck ein und unterstreiche den Buchstaben vor ck! Lies die Wörter!
Nachher ordne die Wörter in fünf Gruppen! Trage auch diese Wörter ein:

Säcke, Decke, Blick, locken, ducken, packen, nicken, strecken, Druck, Block

ack (äck)	eck	ick	ock (öck)	uck (ück)

2 Finde zu jedem Zeitwort ein passendes Namenwort!

Schreib Wortgruppen auf: *wecken – laute Wecker*

decken – warme ______, zuckern – weißer ______

schmücken – schöner ______, ackern – große ______

stecken – sichere ______, schlecken – süße ______

backen – fleißige ______, drücken – viele ______

blicken – kurze ______, strecken – lange ______

Schreib diese Übung auch in dein Heft! Setze das Kürzezeichen!

3 **backen**
ba=cken

Hier sollst du Wörter abteilen:

wecken, schmücken, schlecken, bücken, necken,
Dackel, Zucker, Schnecke, Brücke, Bäcker

wecken – we = cken	*Dackel – Da =*

16 Sprachwerkstatt: a – ä

1 In jedem Eigenschaftswort fehlt derselbe Buchstabe. Setze ihn ein!

l . ng w . rm schw . ch st . rk sch . rf . rm
k . lt h . rt kr . nk . rg

Aus a wird ä:

lang – länger, warm – wä

2 Mit Eigenschaftswörtern vergleichen – Ein verwandtes Namenwort finden

lang	ein langer Weg	der längste Weg	die Länge
warm	ein Tag	der	die
kalt	eine Nacht	die	die
stark	ein Bub	der	die
hart	ein Stein	der	die

3

Peter möchte etwas	ä		d			n	.
Ein Kleid muss man		ä	h			.	
Klassensprecher soll man	w	ä					.
Bilder sollen an der Wand	h	ä					.
In die Schule komme ich nie zu		p	ä		.		
Heute komme ich etwas	s		ä				.

Löse das Rätsel und schreib jedes Wort auf einem Blatt Papier mehrmals untereinander! Dann verwende die Wörter in Wortgruppen!

4 Wortgruppen schreiben

Die Richtung ____________, eine Hose ____________, die Wäsche auf die Schnur ____________, eine Speise ____________, nicht zu ____________ kommen, ____________ nach Hause kommen, die Meinung ____________, ein Hemd ____________, zu ____________ in die Schule kommen, eine Telefonnummer ____________, ____________ essen.

17 Und wieder Wörter mit a und ä

1 Schreib zu jedem Namenwort die Mehrzahlform:

ein Glas – viele Gläser

eine Bank –	viele Bänke	ein Rad –	viele R
ein Ball –		ein Markt –	
ein Platz –		eine Gans –	
ein Wald –		ein Bach –	
eine Hand –		ein Draht –	

2 Schreib die Einzahl- und Mehrzahlform aller Namenwörter auf!

Dach Dach – Dä	Sack	Schwamm
Glas	Hals	Garten
Kamm	Land	Rand
Stall	Band	Tanz

3 a → ä

tra ba wa fal bla fah fan | gen schen cken len ren sen gen

Hier kannst du sieben Zeitwörter bilden und in Sätzen verwenden:

tragen – trägt	Toni	Tasche
ba	Eva	Torte
w	Karin	Kleid
fal	Peter	vom Baum
fan	Oliver	Ball
fah	Inge	Rad
bla	Der Wind	ums Haus

18 <u>ver</u> verändert den Sinn eines Wortes

B 87

1 *kaufen – verkaufen*

Schreib Zeitwörter ohne und mit <u>ver</u> auf! Vergleiche den Sinn der Wörter!

laufen – verl	*spielen –*
sprechen –	*dunsten –*
hören –	*kriechen –*
stecken –	*lassen –*

2 *rechnen – verrechnen*

ver –	reisen	reden	rücken	rühren
	rosten	raten	reißen	

Achtung!
Zwei r
stoßen
zusammen.

Schreib die Zeitwörter auf!

verrechnen,

3 *verkauft – kauft*

Der Verkäufer verkauft .

Der Kunde kauft

Obst – Äpfel

Wurst – Salami

Gebäck – Semmeln

4 Was man alles verlieren kann:

einen Knopf ver , *ein*

Knopf

Spiel

Kugel

Taschentuch

19 Wortarten verändern

1 Aus Namenwörtern werden Eigenschaftswörter

Bilde acht Namenwörter! Dann verändere sie mit der Silbe ig!

die Sonne – sonnig

2 Aus Eigenschaftswörtern werden Namenwörter

Bilde Eigenschaftswörter! Nachher lass den Wortbaustein lich weg und schreib ein verwandtes Namenwort dazu!

täglich – der Tag,

3 Aus Namenwörtern werden Eigenschaftswörter – der Wortbaustein isch

REGENXYZSTURMXYZHIMMEL
KINDXYZNARRXYZLÜGNERXYZ

Finde sechs Namenwörter und verändere sie mit dem Wortbaustein isch zu Eigenschaftswörtern!

der R – regnerisch,

4 Wortgruppen schreiben

Hunger – Kind	Mut – Mädchen	Angst – Bub	Kraft – Mann
Sturm – Nacht	Regen – Tag	Schmutz – Kleid	Ehre – Mensch

ein hungriges K

20 Wörter mit s, Wörter mit ss

1 Setze das s ein! Lies die Wörter halblaut und summe dabei das s!

Rose – Hose – Dose

Pau . e, Ha . e, Spei . e, Be . en, Na . e, Rei . e, Kä . e, sau . en, lei . e, rei . en, tau . end, le . en, bla . en

Schreib Reimwörter auf:

Dose	Ha . en	le . en	Jau . e	Spei . e	Rie . e
R	R	B	P	R	W
Nase	**Rei . e**	**brau . en**	**Mäu . e**	**Ro . en**	**Va . e**
H	l	s	L	H	N

2 

> Das **ss** wird **nicht** gesummt. Der Selbstlaut oder Umlaut davor wird kurz gesprochen.

Schreib die Wörter, unterstreiche ss und setze einen Punkt unter den Laut vor dem ss!

müs / küs > sen   Rüs / Schüs > sel   fas / las > sen   Klas / Mas > se   Kis / wis > sen

3 Bilde Namenwörter mit ss und schreib sie in der Ein- und Mehrzahl auf!

die Gasse – die G , die K

Gas | se
Klas | se

Kis | ser
Mes | sen

Tas | sel
Schlüs | se

Kas | sel
Kes | se

Dros | se
Flos | sel

Schüs | se
Pres | sel

21 Sprachwerkstatt: Namenwörter bilden

1 ung *hoffen – die Hoffnung* *erleben – das Erlebnis* nis

kleiden	reinigen	hindern	begraben	spannen	verbrennen	gefangen
spülen	ergeben	verhalten	heizen	erzeugen	wohnen	ereignen

Kannst du mit den Nachsilben **ung** und **nis** Namenwörter bilden?

kleiden – die K	*hindern – das*

2 Eine schwierige Mehrzahlform

hindern *Hindernis – Hindernisse – Hin-der-nis-se*

ergeben

begraben

erleben

erzeugen

3 Auch mit den Nachsilben **heit** und **keit** können wir Namenwörter bilden:

krank	tapfer
dumm	übel
schön	heiser
einsam	feig
gesund	traurig
frei	höflich
klug	sauber

krank – die K , *tapfer – die*

22 Wortbaustellen: wohnen – grüßen – leuchten – brennen

1 be ge **wohn** en t e lich te — kleiner Anfangsbuchstabe:

raum zimmer **Wohn** bezirk haus ung — Namenwörter bilden:

wohne, ______________________

Wohnung, ______________________

2 be ge **grüß** te e t en — Zeitwörter bilden:

nette viele freundliche **Grüße** herzliche liebe beste — Wortgruppen schreiben:

grüße, ______________________

viele Grüße, ______________________

3 ge be **leucht** e en ete et — Zeitwörter bilden:

turm käfer **Leucht** schrift er — Namenwörter bilden:

leuchte, ______________________

____

4 ein ver ab **brenn** bar t en e — kleiner Anfangsbuchstabe:

material glas stab **Brenn** stoff er — Namenwörter bilden:

brenne, ______________________

____

5 Was könnte das sein?

ein hohes ________ *haus, ein bunter* ________ *käfer, das* ________ *zimmer,*

ein billiger ________ *stoff, liebe* ________ *senden, herzliche* ________ *,*

eine nette ________ *ung, ein hoher* ________ *turm, der helle* ________ *raum*

23 Es gibt viele Wörter mit tz

Vor tz steht ein kurzer Laut.

B 120

1

Satz, Ne . . , Spi . . e, Schmu . . , Bli . . , Hi . . e,
Pla . . , Ka . . e, Wi . . , Mü . . e, Si . . , Gla . . e

Setze **tz** ein! Dann schreib die Wörter nach dem ABC geordnet auf!

2

Platz – Plätze	Blitz –	Netz –
Satz –	Schlitz –	Spitze –
Katze –	Mütze –	Stütze –

3 Verwandte Wörter

spitzen	blitzen	schützen	stützen	spritzen	schätzen	sitzen	trotzen
Blitz	Spitze	Stütze	Spritze	Schutz	Sitz	Trotz	Schatz

spitzen – die Sp

4

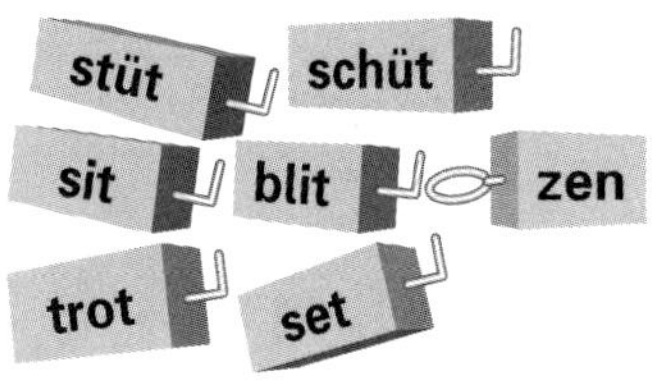

Bilde sechs Zeitwörter und teile sie richtig ab:

schützen – schüt =

5 **plötzlich**: Verwende dieses Wort in kurzen Sätzen!

Es begann plötzlich zu regnen. Es

zu regnen	zu schneien	zu donnern	zu blitzen	zu hageln

24 Wörter mit chs und x unterscheiden

1

Fuchs Max Achse Mixer Ochse Axt
Luxus wachsen Text sechs boxen
wechseln Wachs Taxi kraxeln Hexe

Achtung!
Sprechpolizei:
chs wird wie **x**
gesprochen.

Trage die Wörter in die Tabelle ein und unterstreiche x und chs!

Wörter mit **x**:	Wörter mit **chs**:

2 Ein verflixtes Rätsel – Wörter mit **x** oder **chs**

2 FÜ__E, 2 DA__E UND 2 O__EN SIND SE__ TIERE.

____

MA__ KRA__ELT UND BO__T SEHR GERN.

____

ER FÄLLTE MIT SEINER A__T SE__ BÄUME.

____

3 Wörterrätsel lösen

ein Fahrzeug ☐☐☐☐ ein Werkzeug ☐☐☐ klettern ☐☐☐☐☐☐☐

größer werden ☐☐☐☐☐☐☐ 4 + 2 = ☐☐☐☐☐ frisst gern Gänse ☐☐☐☐☐

ein Rind ☐☐☐☐☐ männlicher Vorname ☐☐☐ ein Küchengerät ☐☐☐☐☐

die Böse im Märchen ☐☐☐☐ mit den Fäusten schlagen ☐☐☐☐☐

4 Wortgruppen schreiben – Schreib die Wortgruppen auch in dein Heft!

chs ein schlauer *F*______, Geld *w*________, ein starker *O*________, Kinder *w*________, *s*________ Buben bilden eine Mannschaft, Kerzen aus *W*______, die *A*______ des Autos, schlau wie ein *F*______

mit dem *T*______ fahren, zum Arbeiten eine *A*______ brauchen, auf die Leiter *k*________, einen *T*______ schnell lesen, *M*______ *b*______ gern, die böse *H*______, mit dem *M*________ Fruchtsaft *m*________ *x*

25 Namenwörter haben verschiedene Mehrzahlformen

B 127

1

die Ente
die Enten

Tante Katze Ziege Mappe Lampe Gämse

die Tante – die Tan ,

2

das Bild
die Bilder

Kind Feld Nest Lied Rind Glied

das Kind – die

3

der Zahn
die Zähne

Kranz Gans Hand Ball Kran Tanz

4

der Zaun
die Zäune

Traum Maus Strauß Brauch Schlauch Bauch

5

die Kugel
die Kugeln

Nadel Gabel Nudel Semmel Spachtel Zwiebel

6

der Würfel
die Würfel

Kegel Hobel Kessel Sessel Hebel Strudel

26 ss in der Wortmitte und am Wortende

Vor **ss** steht ein kurzer Laut.

B 128

1

Einzahl	Mehrzahl	Mehrzahl	Einzahl
die Nuss	die Nü . . e	die Bi . . e	der Bi . .
der Schu . .	die	die Schlö . . er	das
der Flu . .		die Gü . . e	
das Fa . .		die Schlü . . e	
der Ri . .		die Kü . . e	

2 **ss** in Zeitwortformen

las= müs= mes= es= küs= fas=
has= fres= pres= his= pas= wis= –sen

l – lässt	– musst	– misst
		– wisst

3 Sätze vervollständigen – Schreib die Sätze auch in dein Heft!

Lukas i eine N . Petra m das Schl öffnen. Der Hund fr aus einer Schü . Karin mi mit dem Lineal. Doris h laute Schü . Der B einer Schlange kann tödlich sein. Sonja m den Fl durchschwimmen. Du m besser Acht geben.

4

biss		schoss		
bissen	rissen			flossen
gebissen			gegossen	

5 nass – nasse

Das Hemd ist nass. – nasse Hemden

Hemd
Kleid
Hosen
Schuhe

27 In jedem Satz steht ein Zeitwort

1

Anna ____ in den Wald. Anna ____ in den Wald.

Setze im ersten Satz ein passendes Zeitwort in der Gegenwart ein und im zweiten Satz dasselbe Zeitwort in der Mitvergangenheit! Unterstreiche es rot!

Derselbe Satz in der Gegenwart, dann in der Mitvergangenheit geschrieben:

Karin *läu* flink in die Schule.	Karin *lie*
Lukas oft mit dem Bus.	Lukas
Petra einen großen Korb.	Petra
Peter über einen Stein.	Peter
Doris ihr blondes Haar.	Doris

laufen/liefen fahren/fuhren tragen/trugen fallen/fielen waschen/wuschen

2 Setze das passende Zeitwort ein:

Karin ___ ein Glas Milch. Peter ___ im See. Olga ___ ein Buch.
Lukas ___ eine Torte. Markus ___ von der Leiter. Eva ___ im Bett.
Doris ___ ein Lied. Sonja ___ auf einem Sessel. Tom ___ sein Haar.

las trank schwamm fiel schlief wusch aß sang saß

Karin tr

3 Bilde sinnvolle Sätze! Das Zeitwort wähle aus dem rechten Rahmen!

Peter Apfel den in	*Peter*	*biss*
Karin Ball den weit		*warf*
Markus Reh kleines ein		*sah*
spät Hause Ilse heute nach		*kam*
die aus Kerze Inge		*blies*
Tom eine Eva Torte und		*aßen*
Udo Blumen Ines die und		*gossen*

28 Wörter mit ß

1 Setze das **ß** ein! Dann trage die Wörter in die Tabelle ein!

Fü . e, grü . en, wei . , sto . en, Flei . , hei . en,
sü . e, gro . e, Stra . e, bü . en, hei . , Schwei .

Namenwörter	Zeitwörter	Eigenschaftswörter

2 Zusammengesetzte Wörter zerlegen

Gebirgsstraße → Gebirge – Straße

Stoßstange Schweißband Süßspeise Fußball Großstadt Feriengrüße Straßenbahn Weißwurst Heißwasser Bienenfleiß

stoßen – Stange, s

3 heiße große weiße süße

Würstel, Maroni, Häuser, Kirchen, Hemden, Blusen, Torten, Krapfen

heiße Würstel, h

4 Wörter mit ß richtig trennen! Teile einige Wörter ab:

Stra = ße

29 Wörter, die du oft schreibst

B 147

1 war kam nahm sah gab

Ziehe die Wörter mehrmals mit Buntstiften nach!

2 Toni war in

Wo?

Ita	Salz	rol
Ti	lien	burg
Kirch	berg	Wien

3 Bilde einige Sätze! Kindernamen kennst du ja genug.

Susi kam in den

Rätselschrift

Garten
Zimmer
Haus
Schule

Purzelwörter

A e p l f — o M e e l n — e B r n i — n i r e Z o t

4 Peter nahm einen

Tierrätsel

Gäm	Am	Zie
ge	se	Kro
dil	ko	sel

5 Karin sah

Bilderrätsel

Apfel Kamm
Knödel

6 Erich gab den Apfel in

7 In Sätze ein passendes Zeitwort einsetzen. – Schreib die Sätze auch ins Heft!

Lukas im Garten. Eva im Park. Karin bei der Oma.

Inge zu spät. Susi ohne Aufgabe. Toni heute nicht.

Erich Inge die Hand. Peter Susi einen Ball. Inge Eva ein Buch.

Peter eine Katze. Martin eine Gämse. Moni einen Fuchs.

Tom ein Messer. Karin einen Löffel. Markus eine Schere.

30 Wörter mit ieß

1

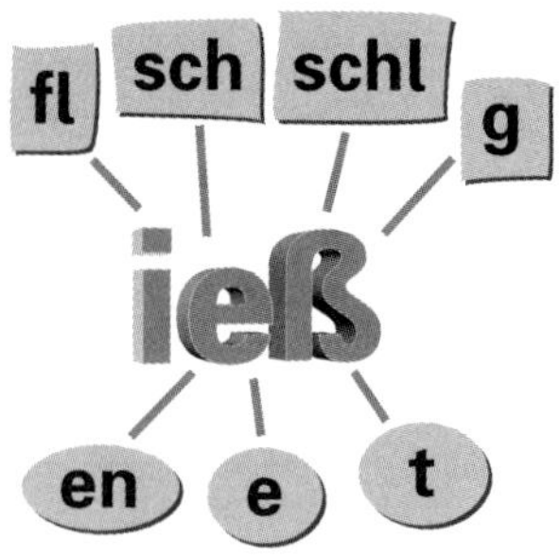

Hier kannst du zwölf Wörter bilden.

fl	sch	schl	g

2 Bilde mit den Wortbausteinen und den Zeitwörtern neue sinnvolle Zeitwörter!

ver-	be-	zer-	um-
aus-	ein-	ab-	ent-

vergießen, ________

3 Was der Gärtner gießt:

Blu Bee Sträu
te men cher

Der Gärtner gießt die Blu=
men. Er

Was der Jäger schießt:

Ha Re Gäm Hir
he sen sche sen

Der Jäger schießt ______.
Er

Was Rudi alles schließt:

Ta Kas Fens
ten sche ter

Rudi schließt die
Er

Was alles fließt:

Wasser Fluss Bach Strom

Das Wasser ______. Der

4 Sinnvolle Sätze bilden: Schreib sie vollständig in dein Heft!

Inge ______ die Blumen. Peter ______ die Augen. Fritz ______ den Ball ins Tor. Der Bach ______ schnell dahin. Toni ______ das Gemüsebeet. Der Fluss ______ langsam. Silvia ______ die Schultasche. Unkraut ______ aus der Erde.

31 Sprachwerkstatt: Zeitangaben, Tageszeiten

B 160

1 **gestern heute morgen**

Peter – Schi fahren Karin – eislaufen Eva – Rad fahren Tom – Fußball spielen

Peter war gestern

Und **heute** machen die Kinder etwas anderes:

Peter spielt heute

Für **morgen** planen die Kinder wieder anderes:

Peter wird morgen

2 Einen kommenden Tagesablauf beschreiben

in der Früh
am Vormittag
zu Mittag
am Nachmittag
am Abend
in der Nacht

In der Früh werde ich

in die Schule/im Heft/ Suppe/auf der Wiese/ ein Buch/im Bett

Zeitwörter finde selbst!

3 Verschiedene Zeitangaben

morgen F , m

heute A , h

gestern N , g

4 Tätigkeiten zu verschiedenen Tageszeiten

Ich war gestern F

Ich heute N

Ich werde morgen M

schwimmen
baden
Rad fahren
Tennis spielen
Pilze suchen
Boot fahren
Rätsel lösen
Blumen gießen
…

32 Sätze bilden und umstellen

1 der Gärtner | im Frühling | gießt | die Blumen

Bilde einen sinnvollen Satz und stelle ihn zweimal um!

2 der treibt Bauer auf Vieh das Weide die

Bilde mit diesen Wörtern einen sinnvollen Satz und stelle ihn zweimal um!

3 dasSommerdurchMädchenimwandertWaldden

Bilde mit den Wörtern der Wortschlange einen sinnvollen Satz und stelle ihn zweimal um!

4 Verschiedene Sätze

Eva melkt die Kühe. Eva, melkst du ________ ? Eva, melke ________ !

Tom	den	reinigt	Stall

Inge	die	füttert	Hühner